Facettes de la France Contemporaine

Lecture et Mise en Pratique

Jenny Ollerenshaw

Academic Editor: Hélène Mulphin

Published by: Advance Materials, 41 East Hatley, Sandy, Bedfordshire, SG19 3JA

First published 1998

Revised and extended edition 2002

© Copyright Jenny Ollerenshaw 1998, 2002

British Library Cataloguing-in-Publication Data

A Catalogue record for this book is available from the British Library

The publisher has made every effort to trace copyright holders and obtain permission for copyright material. If any acknowledgement has been omitted, the publisher would be grateful for notification and corrections will be made as soon as possible.

Printed by Impress Print, The Grove, Corby, Northants NN18 8EW

Cover photograph by Jenny Ollerenshaw

Book design by Hannah Brunt

ISBN   0 9532440 0 8

Contents

Acknowledgements

The author wishes to thank the following people for helping to make this book possible:

Hélène Mulphin from the Department of Languages at the Open University for her invaluable work as Academic Editor.

My husband, Tim, for his never-failing support and encouragement

Sally Gray (Head of Modern Languages, Leon School, Milton Keynes), David Williams (Head of Modern Languages, Neil Wade School, March), Toni Marcus (Head of Modern Languages, Hills Road 6th Form, Cambridge) for testing the materials on their students

Benoît Vandeputte for providing advice and hospitality during my photographing trip to Paris

Hannah Brunt for designing the book

Carl Russell for all his help and his original idea for the cover design

The author wishes to thank the following sources for permission to reproduce extracts:

Texts

Page 7: *'La politique de maîtrise des déchets'*, M. Michel Bonhomme, from 'Bilan 1991 Jour de la Terre', Jour de la Terre, Paris

Page 15: *'En France, une nouvelle mission de soins'*, from Okapi 582 (13 avril 1996), Bayard Presse International, Paris

Page 23: *'Problèmes d'alcool. Document à l'usage des travailleurs sociaux. Il existe une solution'*, Association Nationale de Prévention de l'Alcoolisme, Paris

Page 32: *'Les risques de leucémie dus au nucléaire'*, from 'Le courrier de la baleine', No. 1/97 - janvier-février 1997, Les Amis de la Terre, Paris

Page 43: *'Esquisse d'une philosophie de l'ADMD'*, Association pour le droit de mourir dans la dignité, Paris

Pages 50 - 51: *'Limitons l'automobile pour faire respirer la ville'*, Les Verts, Paris

Page 60: *'Accueillir et redonner espoir'*, Association Emmaüs, Paris

Pages 68 - 70: *'Combattre le Front National: Le Chômage'*, from 'Défendre la Démocratie! 50 réponses au programme du Front National', 1996, SOS Racisme, Paris

Photographs

Page 15: Claudine Doury, Médecins Sans Frontières

Page 60: L'Association Emmaüs

Page 61: Roger Dick

Page 76: SOS Racisme

Other photographs, including cover photograph by Jenny Ollerenshaw

Illustrations

Page 23: Sylvie Payonne, Association Nationale de Prévention de l'alcoolisme

Page 49: Les Verts, Paris

Page 68: SOS Racisme

Teacher's Introduction

The materials and how to use them

The photocopiable materials in this book are designed to complement existing course books by giving students extra practice in reading that requires no extra preparation on your part.

Each of the eight units represents a free-standing pack of work. The materials are designed so that you can use them as a self-access teaching tool, in the classroom or even as testing materials.

Self-access

Each unit is structured in such a way that it carries out the work of the teacher. It guides, supports and motivates the student while explaining, reminding, asking questions, giving feedback etc. Your students can work at their own pace, learning through the materials and receiving high-quality feedback, support and teaching at every stage.

Simply photocopy a unit and the accompanying *Corrigés et Explications* section, and set it as homework or holiday work. Please make sure that all students have a copy of the *Student's Introduction* and also a copy of the *Help with the Language of Instructions* sheet if necessary. Your only input will be to correct the final written essay that is set at the end of each unit.

Classroom use

The units can be used for whole-class reading and language exploitation activities without the *Corrigés et Explications* section, or with it as an individual class activity leaving you free to deal with individual problems related to other work.

Testing materials

Although these materials are principally designed as a teaching tool any of the units can very easily be used for testing purposes. All you need to do is to select the exercises that you want to use and allocate marks to each part of the question.

The pedagogical aims of the materials

The following are the main aims of this book:

- to provide students with a motivating and accessible way of learning to read longer texts in French
- to train them to use general reading strategies
- to widen their vocabulary and to encourage them in the systematic learning of vocabulary
- to build their confidence in their own ability to tackle previously unseen texts
- to increase learner autonomy

The book also teaches students:

- to use form, structure and context to deduce meaning
- to develop their awareness of word relationships
- to re-use vocabulary and structures learned in different contexts
- to recognise and re-use 'mots de liaison' (link words) to improve their written French
- to consolidate their work at each stage by re-using and manipulating the material studied
- to view reading texts not only as a source of information but also as a source of potential language for their own productive use

The teaching approach

Each unit begins with one of a series of vocabulary access activites that engage the students actively in identifying and understanding the key words in the text. This provides a positive alternative to simply presenting them with a list of vocabulary or getting them to look up the words that they don't know. A variety of comprehension tasks follow which lead them to a full understanding of the text. Each unit also goes on to look at some of the aspects of the language of the passage in more detail - either concentrating on a point of grammar, style, vocabulary, linguistic function or structure. The final exercise of each unit is a written activity that requires the students to review the content of the reading passage and to re-use the ideas, vocabulary and structures that they have studied to write a structured and coherent essay that reflects their own opinions.

The *Corrigés et Explications*

Each unit has a corresponding *Corrigés et Explications* section which provides not only the correct answers to each exercise, but also explanations as to why that was chosen as the correct answer, and which part of the text the answer came from. They try to pre-empt problems that students might have and to explain them. The *Corrigés et Explications* provide a very motivating way for students of getting to grips with longer texts because the students are supported throughout the learning process, with access to explanations and corrections at every step. They need never feel that they have got irretrievably 'stuck'.

At the back of the book there are model essays for each unit that students can study once they have written their own essay.

The relationship to the 'A' level examination

This book has been written with the new 'A' level examinations very much in mind. We have sought to provide exercises similar in pattern and style to those used by the different examining boards. By doing so we hope to familiarise students with the types of examination questions that they will face, in the unthreatening context of a *learning* environment.

Student's Introduction

The materials and how to use them

These materials are designed so that they can be used by you without the presence of your teacher. Each unit is self-contained, and the work centres around a written French text.

A series of step-by-step exercises helps you to come to a full understanding of the text, while at the same time giving you the opportunity of learning and using new vocabulary and structures. By working through the units you will develop general reading strategies that will help you tackle new texts in French. Because the materials are designed to *help you learn*, rather than to *test* you, there are no marks allocated to any of the exercises. You can evaluate your own learning by checking your answers with those provided.

Follow through the exercises in the order in which they are presented. It is important not to skip any of them, as each one plays a part in the overall understanding of the text, as well as giving you useful examination and general language learning practice. Once you have completed each exercise refer to the *Corrigés et Explications* section at the back where you will find answers, and comments on the exercise and any difficulties that you may have encountered. Please don't be tempted to look at the corrigés before you have had a good go at doing the task on your own. If you find that your own answer to a particular question is wrong, look at the explanation as to why we chose the answer that we did, and go back to the text to find out where you went wrong. This is just as important a part of the learning process as doing the exercise in the first place. Remember that the reason you are doing the work is so that *you* can improve your own understanding and use of French.

The materials also aim to help you organise your learning by focussing on particular items of vocabulary and also by encouraging you to use the text as a source for discovering, noting and learning words, phrases, link words etc. that you can then re-use in other contexts. When you see the heading 'Carnet de notes' we give you suggestions about how you can use the text as a source of vocabulary or phrases to learn and reuse. Please do follow the suggestions made in this section to find, note down and learn some of these items. If you do you will find that your written and spoken work will greatly improve.

How the materials relate to your 'A' level examination

Many of the exercises used in this book are exactly the kind of questions that are set by the examining boards for the new 'A' level syllabuses. Therefore, by following through the tasks set, you will be gaining practice for the examination. Remember, too, that a wide vocabulary is needed to gain a high mark in the examination, so take every opportunity afforded by the exercises to increase your active and passive knowledge of French.

Strategies for reading texts in French:

- Make sure that you read the title and any sub-titles first and that you understand them. They will put the text in context for you and give you some idea about what it is going to be about.

- Have a good look at any photos or illustrations that accompany the text, as they, too, will often give you vital clues as to the content of the passage.

- Before trying to read the text in detail skim through it quickly to get the gist of it, and to get a better idea of what it is about.

- Once you start a more detailed reading of the text try to guess words that you don't know rather than reaching for your dictionary straight away. Often it is possible to make an intelligent guess at the meaning of a word from the context and your own knowledge of the world. Don't forget, too, that many words in French have very similar English equivalents (called 'cognates'), for example *'renoncer'* - to renounce, to give up; *'l'équilibre'* - equilibrium, balance. The word in English that resembles the French word will usually be the 'posh' alternative to another word (renounce, equilibrium). You will rightly have been warned about 'faux amis' in French, but remember that there are far more cognates than 'faux amis', so it is worth having a guess. Also try to be aware of prefixes and suffixes and their meanings, as they can often help in working out the meaning of what seem to be unknown words.

- Only use your dictionary if you cannot work out the meaning of a *key word*, or if you have read the text and want to check whether you have guessed the meanings of some words correctly, or if you then want to expand your vocabulary by using the dictionary. Remember that in the examination you will not have time to leaf through your dictionary more than once or twice, so it is worth building up the skill of working without one before that time comes!

- Use the structure of the text. Paragraphs usually contain and expand on distinct ideas. It is always useful to concentrate particularly on the first and last paragraphs, as they should contain the introduction and conclusion.

- Make sure that you are very familiar with the most common link words (e.g. *pourtant, malgré, en dépit de*) because an understanding of these will provide you with vital clues to the way that the arguments in the text are structured and the way in which the writer's thoughts are organised.

Re-using what you have learned in your written work

The last task of each unit is a written activity based on the extract that you have read. It gives you the opportunity to reflect on what you have read, and to re-use vocabulary, phrases and structures that you have learned from the text. When you set about writing your essay read through the text again and make notes of the points that you would like to mention in your own essay. You might also find it useful to note down key vocabulary and useful phrases and structures that you would like to re-use. Once you put pen to paper, however, put the original passage away so that you are not tempted to copy out great big chunks word-for-word. Now is the time to rely on the fact that you are familiar with the subject matter and have a good stock of key vocabulary and phrases at your disposal. Don't forget that your own writing will flow much better and be much more structured if you make good use of link words that you know and have learned from the texts.

Bonne chance!

Student's Introduction

Help with the Language of Instructions

Below you will find listed some of the words and expressions used in the instructions to the materials with their English equivalents. The words in bold are listed in alphabetical order.

à l'**aide de**	with the help of
le **but**	the aim
en **caractères gras**	in bold
une **case**	box
ci-dessous	below
ci-dessus	above
cochez	tick
la **colonne**	column
le ... qui **convient**	the appropriate ...
corrigez	correct
en **désordre**	jumbled-up
deviner	to guess
l'**encadré**	box
au **fur et à mesure que vous ...**	as you ...
en (caractères) **gras**	in bold (letters)
inscrivez les mots	write the words
en **insérant**	by inserting
faites de **même**	do the same thing
les **mots-clés**	key words
un **mots croisés**	crossword
les **mots de liaison**	link words
les **mots manquants**	the missing words
parcourez	skim through
relevez	note down
relisez	read again
remplissez	fill
en vous **servant** de	by using
soulignez	underline
soutenir	to support
suivant	following
suivi de	followed by
suivre	to follow
le **tableau**	table
est **tiré de**	is taken from/extracted from
les **trous**	gaps
vérifier	to check
à **vous de faire ...**	it's up to you to .../it's your turn to ...
en **vrac**	jumbled-up

JENNY OLLERENSHAW © 1998, 2002

1 Le Recyclage

LA POLITIQUE DE MAITRISE DES DECHETS

Le flot de nos 80 millions de tonnes de déchets produites en France chaque année asphyxie peu à peu notre environnement. Ils viennent des ménages, de l'industrie et des commerces, des stations d'épuration de nos eaux usées, de nos espaces verts, des démolitions ou de notre agriculture.

Toxiques ou non toxiques, s'ils sont mal gérés, ont un impact plus ou moins négatif sur notre environnement. Ils contribuent aux pollutions de proximité, et le plus souvent aux grands déséquilibres de la planète. On les retrouve derrière les pluies acides qui détruisent nos forêts, acidifient nos sols et ruinent nos édifices, ou derrière les gaz à effet de serre.

Beaucoup de ces déchets représentent un gisement considérable d'économie de matières premières et d'énergie, que nous pourrions mobiliser par le recyclage au lieu de les gaspiller dans nos incinérateurs et nos décharges, ou pire en les déversant dans l'environnement.

Le déchet, avec le transport, est un des problèmes de pollution majeurs de nos sociétés dites modernes. Les politiques de maîtrise des déchets se cherchent et se téléscopent souvent avec les enjeux immédiats de l'économie.

Récemment notre Ministre de l'environnement présentait un plan pour le recyclage des emballages des déchets des ménages. Les emballages représentent près de 45% des 18 millions de tonnes de déchets produites par an. Le projet est ambitieux si on se réfère à la situation actuelle qui n'est pas brillante. On parle d'un recyclage industriel favorisé par la mise en place d'une taxe. C'est bien. Mais on s'entête à considérer l'incinération comme un mode de recyclage alors qu'il faudrait de toute évidence écologique la limiter à certains produits particuliers. On oublie aussi que plus de 50% de nos déchets sont fermentescibles et qu'ils sont à la base de nombreuses pollutions de l'air comme de l'eau.

En Europe du Nord et en Allemagne, on a ouvert la voie du recyclage par le tri à la source depuis de nombreuses années. On a d'abord commencé à trier dans une deuxième poubelle les déchets de cuisine et autres fermentescibles pour en faire un compost de qualité.

Puis on a trié le reste de la poubelle dans les usines de tri. Les difficultés rencontrées pour trier un produit aussi hétérogène ont abouti à des expériences de mise en place d'une deuxième poubelle réservée aux recyclables.

Aujourd'hui dans le cadre de plans globaux de maîtrise des déchets, on s'oriente dans ces mêmes pays vers la troisième poubelle. A Dunkerque, on a prouvé que le tri à la source chez l'habitant était aussi possible en France.

Il est nécessaire maintenant de s'engager économiquement dans une politique d'incitation au recyclage et à la valorisation des fermentescibles, à la maîtrise des toxiques et à la réduction de ce reste – qui n'est sûrement pas fatal – en intervenant en amont sur les produits de consommation.

En généralisant la consigne sur les emballages on va prendre la bonne voie. Mais combien de produits devraient disparaître du marché? Il faut taxer les produits non recyclables ou non biodégradables, les substances toxiques mises sur le marché, les déchets à mettre en décharge ou à incinérer. Si les taxes n'entraînent pas un renchérissement pour atteindre les niveaux du coût de la valorisation, on passera à côté de l'objectif. Les tergiversations du Ministère des Finances ne sont pas fondées devant de tels enjeux.

Pour inverser le processus actuel de déstabilisation des principaux équilibres de la planète, on ne peut supporter de demi-mesure. Passer d'une société du tout jetable à une société du tout recyclable est le nouveau défi de l'homme sur lui même pour la défense de la vie.

M. BONHOMME Michel. Jour de la Terre, Bilan 1991

1

Exercice 1 ·················

Compréhension des mots–clés

Le but de votre première lecture du texte sera de comprendre ses mots-clés (le vocabulaire essentiel à la compréhension du texte). Dans le tableau ci-dessous les mots-clés du texte sont dans la colonne de gauche dans l'ordre où ils apparaissent dans le texte. Les définitions de ces mots sont en désordre dans la colonne de droite. Au lieu de chercher ces mots dans le dictionnaire essayez de trouver la définition qui, dans ce contexte, correspond à chaque mot. Faites cet exericice au fur et à mesure que vous lisez le texte.

Un conteneur de verre usagé à Paris

mots-clés	définitions
déchets	s'obstiner
asphyxier	phénomène de réchauffement de l'atmosphère
épuration	qui peut fermenter
effet de serre	action de donner de la valeur à quelque chose
décharge	choisir parmi plusieurs éléments, en les séparant du reste
déverser	résidus inutilisables, et en général sales ou encombrants
enjeux	augmentation de prix
emballage	qui est formé d'éléments de nature différente
s'entêter	empoisonner
fermentescible	purification
trier	lieu où l'on dépose les déchets
hétérogène	avant le point considéré, dans un processus technique ou économique
valorisation	utilisation de détours pour éviter de donner une réponse nette, pour retarder une décision
en amont	déposer en grande quantité
renchérissement	ce qui sert à contenir un produit
tergiversations	intérêts

8

Exercice 2 •••••••••••••••

Compréhension du texte

Répondez aux questions suivantes en français. Les questions suivent l'ordre du texte.

1   Dressez une liste des sources des déchets en France.

2   Donnez deux exemples concrets des conséquences de la mauvaise gestion des déchets.

3   Que fait-on actuellement au lieu de recycler les déchets?

4   Les déchets sont une source majeure de pollution. Quelle est l'autre?

5   Qu'est-ce qui contribue à la pollution de l'air et de l'eau?

6   Que fait-on des déchets de cuisine et autres fermentescibles en Europe du Nord et en Allemagne?

7   Expliquez ce que vous entendez par 'le tri à la source chez l'habitant'.

Exercice 3 •••••••••••••••

Compréhension du texte

Répondez aux questions suivantes en anglais.

1   According to the author what conflicts with waste management policy?

2   In what way did the Minister for the Environment envisage persuading industries to recycle?

3   What waste management policies does the author support?

4   Explain the challenge that the author describes in the last paragraph.

Exercice 4 •••••••••••••••

Lire entre les lignes

Un auteur ne dit pas toujours tout ouvertement. Cependant les mots qu'il a choisis pour s'exprimer, ou sa façon de dire les choses, peuvent être très révélateurs. Relisez le texte et répondez aux questions suivantes en anglais.

1   Explain what the author means by 'nos sociétés **dites modernes**'. (Paragraph 4) What does this tell us of the way he views such societies?

2   What does the author really think of the Minister for the Environment's plan for recycling packaging? What words or phrases in the text support your answer?

3   What is the author's opinion of the Ministry for Finance? What words or phrases support your answer?

Exercice 5 •••••••••••••••

Elargissement du vocabulaire

Vous allez maintenant réutiliser les mots-clés sur lesquels vous avez travaillé dans l'exercice 1. Remplissez les trous avec les mots de l'encadré. A vous de faire les changements nécessaires (conjugaisons etc.).

> déverser, l'effet de serre, décharges, les enjeux, trier, s'entêter à, tergiversations, déchets, emballages

1   Le débat sera consacré à _____ de la politique de la maîtrise des déchets.

2   Les industries _____ _____ des produits chimiques dans nos rivières.

3   Après des années de _____ on a enfin commencé à _____ les déchets chez l'habitant dans certaines villes de France.

4   Il faut tout faire pour réduire les gaz qui polluent l'air et contribuent à _____.

5   Nos _____ sont mal gérés. Il faut un plan de recyclage beaucoup plus rigoureux.

6   "C'est honteux, les _____ représentent un bon tiers du contenu de ma poubelle."

7   Si tout le monde faisait le tri à la source on aurait moins besoin des _____.

1

Le Recyclage

Observations linguistiques

The prefix 'dé–'

In the text there are three examples of words beginning with the prefix 'dé-':

déséquilibre (para 2)

décharges (para 3)

déstabilisation (para 11)

Let us first look at these words without their prefixes in order to come to an understanding of what the prefix itself means.

mot de base	mot dérivé
l'équilibre (balance)	**dés**équilibre (**im**balance)
charge (loading)	**dé**charge (**un**loading)
stabilisation (stabilisation)	**dé**stabilisation (**de**stabilisation)

These examples from the text of the prefix 'dé-' are translated in English by three different prefixes. As you will see shortly, 'dé' can be translated by other prefixes besides these. However what they all have in common is the idea of **undoing**, **removing** or **lacking**.

Note also that where the word to which the prefix is added begins with a vowel or with an 'h' in French, the prefix is changed to 'dés-'. Thus 'équilibre' becomes '**dés**équilibre', and 'honorer' becomes '**dés**honorer'.

Here are some other words from the text from which we can form related words by using the prefix 'dé-':

mot dans le texte	mot dérivé qui commence par 'dé-'	traduction en anglais
la pollution	la dépollution	getting rid of pollution / cleaning up
favorisé	défavorisé	disadvantaged
orienter	désorienter	to disorientate, to confuse
s'engager	se désengager (de)	to withdraw (from)
la valorisation	la dévalorisation	depreciation
taxer	détaxer	to remove the tax on

Exercice 6 ● ● ● ● ● ● ● ● ● ● ● ● ●

Traduisez les phrases suivantes sans utiliser de dictionnaire. Si vous n'êtes pas sûr(e) du sens du mot en gras, regardez le mot de base et essayez de deviner le sens du mot grâce à son préfixe.

1   En rentrant je me suis **démaquillée** avant de me coucher.

2   Il a **décollé** le timbre.

3   Quand on part en vacances il vaut mieux **débrancher** la télévison.

4   Je ne supportais plus qu'il me **dévisage**, alors j'ai **détourné** mon regard.

5   Sa chambre est très **désordonnée**.

6   Je te **déconseille** de fumer.

7   Il s'est vite **déshabillé** et il s'est jeté à l'eau.

8   La mère a d'abord **déchaussé** l'enfant. Ensuite elle a **déboutonné** sa chemise.

9   Il a **déplacé** la chaise pour mieux voir l'écran.

10 Ça ne sent pas bon ici. Il faudra **désodoriser** la pièce.

… et ce qu'on peut y mettre

Exercice 7 ●

Carnet de notes

1   Trouvez les expressions suivantes dans le texte et notez-les. Vous pourrez ensuite les réutiliser dans vos rédactions ou dans vos discussions en français:

2   Parcourez une dernière fois le texte et notez au moins 8 autres mots ou expressions. N'oubliez pas de les noter en contexte.

peu à peu	little by little
alors que	whereas
les difficultés rencontrées pour (+ inf) ont abouti à ...	the difficulties encountered in (+ -ing verb) resulted in ...
dans le cadre de	within the framework/context of
on s'oriente vers	people are turning to/moving towards
il est nécessaire de s'engager dans	we have to become involved in
passer à côté de l'objectif	to miss the mark
on ne peut supporter de demi-mesure	we can't put up with half measures/ we have to go all the way

Exercice 8 ●

Passage à l'écrit

'Pour inverser le processus actuel de pollution de notre environnement il n'est pas question d'employer de demi-mesures.'

Relevez dans le texte des exemples qui justifient ce point de vue et donnez en français vos réactions personnelles.

Ecrivez un maximum de 150 mots

Corrigés et Explications

Exercice 1

mots-clés	définitions
déchets	résidus inutilisables, et en général sales ou encombrants
asphyxier	empoisonner
épuration	purification
effet de serre	phénomène de réchauffement de l'atmosphère
décharge	lieu où l'on dépose les déchets
déverser	déposer en grande quantité
enjeux	intérêts
emballage	ce qui sert à contenir un produit
s'entêter	s'obstiner
fermentescible	qui peut fermenter
trier	choisir parmi plusieurs éléments, en les séparant du reste
hétérogène	qui est formé d'éléments de nature différente
valorisation	action de donner de la valeur à quelque chose
en amont	avant le point considéré, dans un processus technique ou économique
renchérissement	augmentation de prix
tergiversations	utilisation de détours pour éviter de donner une réponse nette, pour retarder une décision

Exercice 2

1 Les ménages, l'industrie, les commerces, les stations d'épuration des eaux usées, les espaces verts, les démolitions, l'agriculture. (Para 1)

2 Les pluies acides qui détruisent les forêts, acidifient les sols et ruinent les édifices; les gaz à effet de serre. (Para 2)

3 On les incinère, on les accumule dans les décharges ou on les déverse dans l'environnement. (Para 3)

4 L'autre source majeure de pollution est le transport. (Para 4)

5 Les fermentescibles. (Para 5)

6 On les met de côté pour en faire un compost de qualité. (Para 6)

7 'Le tri à la source chez l'habitant' est le système selon lequel les gens eux-mêmes trient leurs déchets chez eux (par exemple une poubelle est reservée aux recyclables et une autre aux fermentescibles).

Exercice 3 • • • • • • • • • • • • • •

1   Current /short-term economic issues.

Para 4: '... *enjeux immédiats de l'économie*'

2   The details of the proposal are not made clear, however we are told that the Minister envisaged using taxation to persuade industries to recycle.

Para 5: '*On parle d'un recyclage industriel favorisé par la mise en place d'une taxe.*'

3   On the one hand encouraging recycling, the promotion of fermentable products, the control of toxic waste and the attempt to reduce the quantity of other products by intervention earlier on in the production processes of consumer products.

Para 9: '*incitation au recyclage ... les produits de consommation*'.

Also the taxation of non recyclable or biodegradable products, toxic substances which are sold, and rubbish which has to go to the rubbish tip or be incinerated.

Para 10: '*Il faut taxer ...*'

4   The author believes that we have to change from being a throw-away society to a recyclable one. He believes that this challenge is one that is vital to the preservation of life itself.

Exercice 4 • • • • • • • • • • • • • •

When it comes to inferring things from a text people may have slightly different interpretations. Check yours with ours:

1   By 'nos sociétés dites modernes' the author means our **so-called** modern societies. This choice of words suggests that he thinks that in view of our dreadful ecological record we should not really congratulate ourselves on being a 'modern' society.

2   a) He thinks that the plan is ambitious and one might even infer that he thinks that given the current state of affairs it is *too* ambitious.

Para 5: '*Le projet est ambitieux si on se réfère à la situation actuelle qui n'est pas brillante.*'

b) He does, nevertheless, approve of the initiative taken by the Minister for the Environment

Para 5: '*C'est bien*'. His approval is not unreserved, as is revealed by the '*Mais ...*' immediately following the short '*C'est bien.*'

c) However he is frustrated by the fact that people (and probably the Minister himself) still think of incineration as a method of recycling. He thinks that from an ecological standpoint incineration should only be considered in the case of certain products.

Para 5: '*Mais on s'entête à ... produits particuliers*' His use of the verb 's'entêter' *(to persist in doing something)* reveals his frustration. The use of the non-specific 'on' in '*on parle d'un recyclage ...*' followed closely by '*on s'entête à considérer ...*' and '*On oublie aussi que ...*' means that one could interpret these sentences as referring to people in general, however it is quite probable that they actually refer specifically to the Minister and his colleagues, in which case he is directly criticising the team of people in the Ministère de l'Environnement.

d) Finally he points out that the Minister/people in general also forget the polluting impact of fermentable products.

Para 5: '*On oublie aussi ...*', which if only well-managed, could be turned into a good quality compost.

Para 6: '*... et autres fermentescibles pour en faire un compost de qualité*'

3   He disapproves of the 'shilly shallying' of the Ministry for Finance which he considers to be using delaying tactics which are not justifiable in the face of such issues.

Para 10: the choice of the word *tergiversations* is the key word in expressing this opinion.

Exercice 5 • • • • • • • • • • • • •

1   Le débat sera consacré **aux enjeux** de la politique de la maîtrise des déchets.

2   Les industries **s'entêtent à déverser** des produits chimiques dans nos rivières.

3   Après des années de **tergiversations** on a enfin commencé à **trier** les déchets chez l'habitant dans certaines villes de France.

1

4   Il faut tout faire pour réduire les gaz qui polluent l'air et contribuent à **l'effet de serre.**

5   Nos **déchets** sont mal gérés. Il faut un plan de recyclage beaucoup plus rigoureux.

6   "C'est honteux, les **emballages** représentent un bon tiers du contenu de ma poubelle."

7   Si tout le monde faisait le tri à la source on aurait moins besoin des **décharges**.

Exercice 6 • • • • • • • • • • • • • • • • • •

1   When I came back I removed my make-up before going to bed. *(se maquiller - to make oneself up)*

2   He removed the stamp (by unsticking it). *(coller - to stick)*

3   When you go on holiday it's a good idea to unplug the television. *(brancher - to plug in)*

4   I couldn't stand him staring at me any longer so I looked away. *(The verb 'visager' does not exist on it's own; tourner*

- to turn)

5   His/her room is very untidy. *(ordonné - tidy)*

6   I advise you not to smoke. *(conseiller - to advise) Note that there is no one verb in English that translates the verb 'déconseiller' so we have to translate it with the structure 'to advise ... not to/ against'*

7   He quickly got undressed and jumped into the water. *(s'habiller - to get dressed)*

8   The mother first took the child's shoes off. Then she unbuttoned his shirt. *(chausser - to put someone's shoes on for them; boutonner - to button up)*

9   He moved the chair so that he could see the screen better. *(placer - to place / put) Note that the verb 'déplacer' means to move something from the place where it was put.*

10 It doesn't smell very nice in here. We'll have to freshen the room up. *(l'odeur - smell)*

14

2 Les Sans Domicile Fixe

EN FRANCE,
UNE NOUVELLE MISSION DE SOINS

La France est un pays riche, démocratique, dont la devise appelle à l'égalité et à la fraternité entre les hommes. Notre pays est aussi connu pour son sytème de Sécurité sociale. Pourtant, depuis 1987, Médecins Sans Frontières intervient en France.

FRANCE 1987 - 1996

En France, depuis quelques années, Médecins Sans Frontières s'est lancé dans une nouvelle mission: rejoindre et soigner les personnes qui en ont besoin et qui n'arrivent jamais dans les lieux de soins classiques, comme les hôpitaux ou les dispensaires, ou qui y passent trop peu de temps...

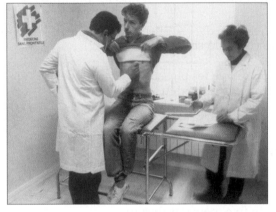

Un sans domicile fixe est soigné gratuitement.

Ils sont plusieurs dizaines de milliers dans cette situation: des jeunes de moins de 25 ans sans travail ni allocations, des hommes et des femmes au chômage depuis si longtemps qu'ils ne touchent plus qu'un revenu minimum insuffisant pour échapper à la rue, des étrangers perdus, sans papiers, sans domicile...

Chacun a le droit d'être soigné gratuitement

Pourtant, c'est écrit dans la loi, avec l'aide médicale, en France, chacun a le droit d'être soigné gratuitement, même s'il n'a ni papiers ni domicile ni argent. La réalité est différente. Parce que, souvent, les personnes qui ont tout perdu n'ont plus la force de se lancer dans des démarches longues pour obtenir les papiers nécessaires. Elles sentent qu'elles dérangent... C'est vrai, c'est parfois désespérant, ces personnes qui arrivent aux urgences des hôpitaux, blessées ou ivres ou si malades qu'on ne sait plus par où commencer... *"Si vous commencez, vous n'avez pas fini,"* dit un jour un homme vivant dans la rue au médecin qui s'apprêtait à l'écouter.

Soigner, mais aussi lutter contre le désespoir

C'est contre cette lassitude que veut lutter la mission de Médecins Sans Frontières en France. Contre l'impatience et la fatigue du personnel soignant. Contre le système qui fait que des gens se retrouvent dans la rue avec des rendez-vous où ils n'iront pas et une liste de médicaments qu'ils ne pourront jamais acheter.

Contre la fatigue et le désespoir des personnes marginales, aussi, qui préfèrent garder un "simple ulcère" ou une "petite bronchite" plutôt que d'essayer de se faire comprendre en un français hésitant, ou de courir après des documents incompréhensibles...

Pour commencer, ce qu'il faut c'est soigner les corps, leurs blessures et leurs maladies. C'est pourquoi Médecins Sans Frontières a ouvert, en 1989, des centres de soins et d'hébergement médicalisé qui accueillent les personnes malades: trop malades pour être acceptées dans les asiles de nuit, pas assez malades pour être reçues à l'hôpital.

Aujourd'hui, certains hôpitaux commencent à faire ce travail. À Lyon, avec la carte Santé, les sans domicile fixe ont le droit d'être soignés tout au long de l'année sans conditions. Sur ce plan-là, mission accomplie: l'État a pris le relais.

Médecins Sans Frontières peut fermer son centre et mettre ses forces sur d'autres fronts. Ailleurs. Pour faire reconnaître, par l'ensemble de la société et tous les responsables, que les soins de santé pour les pauvres ne relèvent pas de la charité, mais de la loi française: c'est un droit.

Médecins Sans Frontières. Un dossier OKAPI.

Notes

Médecins sans Frontières (MSF) – an organisation which aims to bring emergency medical aid where and when it is needed across the world

le revenu minimum d'insertion (le RMI) – the minimum benefit paid to those who have no other source of income

2

Les Sans Domicile Fixe

Exercice 1 •

Compréhension des mots–clés

Lisez le texte une fois en entier sans vous aider du dictionnaire et essayez d'y trouver les mots et expressions qui correspondent aux définitions ou synonymes donnés dans la colonne de gauche du tableau ci-dessous. Inscrivez-les dans la colonne de droite.

définitions ou synonymes (l'ordre suit celui du texte)	**mots et expressions du texte**
s'occuper de	
somme payée par l'Etat à un individu pour l'aider à vivre	
sans emploi	
sans lieu d'habitation	
tentatives faites auprès d'une autorité pour obtenir quelque chose	
gêner quelqu'un dans le cours de ses occupations	
service d'un hôpital où on dirige les blessés et les malades qui ont besoin d'un traitement immédiat	
découragement	
gens qui ne sont pas intégrés dans la société	
recevoir	
lieux où les 'sans domicile fixe' peuvent dormir	
se substituer à quelqu'un pour continuer son travail	

Exercice 2 • • • • • • • • • • • • • •

Compréhension du texte

Choisissez, pour chacune des neuf phrases suivantes, une fin correcte parmi les trois qui vous sont proposées:

1   La nouvelle mission de Médecins sans Frontières est:

a) d'apporter une aide aux hôpitaux et dispensaires qui n'arrivent pas à soigner tous les jeunes qui s'adressent à eux

b) d'aider les jeunes chômeurs et les personnes sans domicile fixe en France

c) d'apporter un soutien aux jeunes démunis à l'étranger

2   La plupart des gens qu'ils aident

a) vivent dans les asiles de nuit

b) sont propriétaires de leur logement

c) vivent dans la rue parce qu'ils n'ont pas assez d'argent pour faire autrement

3   Selon la loi française

a) tout le monde a le droit de recevoir des soins médicaux gratuits, mais en réalité les plus démunis ne les reçoivent souvent pas

b) on doit avoir des papiers pour recevoir un traitement médical, mais en réalité les hôpitaux soignent souvent des personnes qui n'en ont pas

c) tout le monde doit payer son traitement médical, mais en réalité il y a quelques dispensaires et hôpitaux qui soignent des malades gratuitement.

4   Les personnes qui ont tout perdu ne font pas d'effort pour obtenir des papiers

a) parce qu'elles savent que ce n'est pas possible pour les sans domicile de s'en procurer

b) parce que les démarches nécessaires les dérangent

16

c) parce qu'elles ont l'impression de déranger les fonctionnaires qui s'en occupent

5 L'attitude des personnes marginales face aux maladies est

a) de ne rien faire parce que les démarches officielles pour se faire soigner sont trop compliquées

b) de courir après les documents incompréhensibles, mais nécessaires

c) d'essayer d'expliquer dans un français hésitant quel est leur problème

6 Les centres de soins et d'hébergement médicalisé accueillent

a) les personnes malades qui, avant, se refugiaient dans les asiles de nuit

b) les personnes qui n'étaient pas accueillies par les asiles de nuit parce qu'elles étaient trop malades et les personnes qui n'étaient pas dans les hôpitaux parce que leur état de santé n'était pas assez sérieux.

c) Les personnes qui n'étaient ni dans les asiles de nuit, ni dans les hôpitaux parce que leur état de santé était trop grave.

7 A Lyon, avec la carte Santé

a) les sans domicile fixe peuvent recevoir des soins médicaux gratuits toute l'année

b) les sans domicile fixe peuvent se loger dans les centres d'hébergement gratuits toute l'année

c) les sans domicile fixe peuvent recevoir des soins médicaux toute l'année à condition qu'ils fournissent leurs papiers

8 A Lyon

a) l'Etat aide financièrement le travail de MSF

b) l'Etat continue le travail de soins médicaux que MSF a commencé

c) l'Etat encourage certains hôpitaux à travailler main dans la main avec MSF

9 MSF veut faire comprendre que

a) les institutions charitables ont la responsabilité de soigner les pauvres

b) l'ensemble de la société est responsable et doit verser de l'argent aux oeuvres de charité pour les soins de santé des pauvres

c) ce n'est pas aux institutions charitables d'assurer les soins de santé des pauvres, car la loi stipule qu'ils doivent être soignés gratuitement

Exercice 3 • • • • • • • • • • • • • •

Compréhension du texte

Faites une liste en anglais de toutes les critiques de la société, de l'Etat et du système médical que fait l'article. Essayez d'en trouver au moins sept.

Exercice 4 • • • • • • • • • • • • • •

Elargissement du vocabulaire

A l'aide de votre dictionnaire remplissez les cases ci-dessous avec d'autres mots de la même famille que celui qui vous est donné en gras. (Suivez l'exemple du mot 'soigner'). Attention, vous ne pourrez remplir que cinq cases dans la colonne 'adverbes'.

verbes	noms	adjectifs/ participes	adverbes
soigner se soigner	le soin/les soins	soignant soigné soigneux	soigneusement
		différent	
perdre			
déranger			
		désespérant	
		vivant	
	la lassitude		
	l'impatience		
accueillir			

2

Les Sans Domicile Fixe

Exercice 5 •••••••••••••••••••••••••••••••••

Mots croisés

Remplissez ce mots croisés à l'aide des phrases ci-dessous. Les mots manquant dans les phrases marquées d'un * sont tirés de l'exercice 4 et les autres sont tirés du texte lui-même.

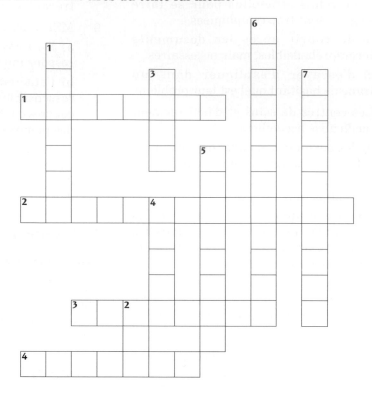

horizontalement

1   On appelle "personnel _____" (8) les gens qui s'occupent de malades

2   *Elle se sentait _____ (13) seule dans l'asile de nuit.

3   *Je te conseille _____ (8) de te procurer une carte Santé.

4   *Il y a un très bon _____ (7) au Centre de Soins.

verticalement

1   Si on n'a pas de travail on est au _____ . (7)

2   *La _____ (3) de maintes personnes sans domicile s'est beaucoup améliorée grâce au travail de Médecins sans Frontières.

3   Si on n'a pas de maison on est _____ (4) domicile fixe.

4   *Suite à la _____ (5) de son emploi il s'est trouvé à la rue.

5   Il n'a pas demandé d'aide parce qu'il avait peur de _____ . (8)

6   *On voit les choses _____ (12) quand on est à la rue!

7   Les exclus s'appellent aussi les personnes _____ . (10)

Exercice 6 •••••••••••••••

Carnet de notes

Parcourez une dernière fois le texte et notez au moins 8 mots que vous allez apprendre. N'oubliez pas de les noter en contexte.

Exercice 7 •••••••••••••••

Passage à l'écrit

'L'Etat français n'accepte pas ses responsabilités envers les plus démunis de la société'.

Relevez dans le texte des exemples qui justifient ce point de vue et donnez en français vos réactions personnelles.

Ecrivez un maximum de 200 mots.

Conseil:

* Avant de commencer regardez le travail que vous avez fait pour les exercices 2 et 3.

Bien des gens sans travail ni allocations se retrouvent à la rue.

2

Corrigés et Explications

Corrigés et Explications

Exercice 1 ●●●

définitions ou synonymes	mots et expressions du texte
s'occuper de	soigner
somme payée à un individu par l'Etat pour l'aider à vivre	allocations
sans emploi	au chômage
sans lieu d'habitation	sans domicile
tentatives faites auprès d'une autorité pour obtenir quelque chose	démarches
gêner quelqu'un dans le cours de ses occupations	déranger
service d'un hôpital où on dirige les blessés et les malades qui ont besoin d'un traitement immédiat	urgences
découragement	lassitude
gens qui ne sont pas intégrés dans la société	personnes marginales
recevoir	accueillir
lieux où les sans domicile fixe peuvent dormir	asiles de nuit
se substituer à quelqu'un pour continuer son travail	prendre le relais

Exercice 2 ●●●●●●●●●●●●●●●

1 La nouvelle mission de Médecins sans Frontières est

   b) d'aider les jeunes chômeurs et les personnes sans domicile fixe en France

   Para 1: '... rejoindre et soigner les personnes qui en ont besoin ... des jeunes de moins de 25 ans sans travail ni allocations, des hommes et des femmes au chômage ... sans domicile ...'

2 La plupart des gens qu'ils aident

   c) vivent dans la rue parce qu'ils n'ont pas assez d'argent pour faire autrement

   Para 1: '... ils ne touchent plus qu'un revenu minimum insuffisant pour échapper à la rue, des étrangers ... sans domicile (The money that they receive is not enough to keep them off the streets.)

3 Selon la loi française

   a) tout le monde a le droit de recevoir des soins médicaux gratuits, mais en réalité les plus démunis ne les reçoivent souvent pas

   Para 2: 'c'est écrit dans la loi, ... chacun a le droit d'être soigné gratuitement ... La réalité est différente ...'

4 Les personnes qui ont tout perdu ne font pas d'effort pour obtenir des papiers

   c) parce qu'elles ont l'impression de déranger les fonctionnaires qui s'en occupent

   Para 2: 'Elles sentent qu'elles dérangent' (They get the feeling that they're bothering (the officials who have to deal with their requests))

5 L'attitude des personnes marginales face aux maladies est

a) de ne rien faire parce que les démarches officielles pour se faire soigner sont trop compliquées

Para 4:*(ils) 'préfèrent garder un "simple ulcère" ou une "petite bronchite" plutôt que d'essayer de se faire comprendre en un français hésitant , ou de courir après des documents incompréhensibles'* (The idea here is that they dismiss ailments as being of no importance because it is just too difficult to make themselves understood in French (which they perhaps don't speak confidently) or to chase after official papers which they don't understand)

6 Les centres de soins et d'hébergement médicalisé accueillent

b) les personnes qui n'étaient pas accueillies par les asiles de nuit parce qu'elles étaient trop malades et les personnes qui n'étaient pas dans les hôpitaux parce que leur état de santé n'était pas assez sérieux.

Para 4: '. *trop malades pour être acceptées dans les asiles de nuit, pas assez malades pour être reçues à l'hôpital'*

7 A Lyon, avec la carte Santé

a) les sans domicile fixe peuvent recevoir des soins médicaux gratuits toute l'année

Para 5: *'les sans domicile fixe ont le droit d'être soignés tout au long de l'année sans conditions'*

8 A Lyon

b) l'Etat continue le travail de soins médicaux que MSF a commencé

Para 5: *'l'Etat a pris le relais'*

9 MSF veut faire comprendre que

c) ce n'est pas aux institutions charitables d'assurer les soins de santé des pauvres, car la loi stipule qu'ils doivent être soignés gratuitement

Para 6: *'Pour faire reconnaître, par l'ensemble de la société et tous les responsables, que les soins de santé pour les pauvres ne relèvent pas de la charité, mais de la loi française ...'*

Exercice 3

People's interpretations of what constitutes a criticism may differ, so we have given you a comprehensive list. You should definitely have included those with a *.

- there are some people who never get to the traditional places where sick people are treated (hospitals and health centres) (para 1)

- people aren't always kept long enough in hospitals or health centres (para 1)

- *There are people who do not receive enough state benefit to enable them to keep off the streets (para 2)

- *Although the law states that *everyone* should be able to get free medical treatment the system is such that many don't benefit from it, because they are frightened off by the bureaucracy involved (para 3)

- Many people only end up in hospital when they are so ill that it is difficult to know where to begin to help them (para 3)

- *Medical staff can be impatient and tired (of having to deal with society's outcasts) (para 4)

- *The system is such that people are sometimes seen and then sent away with appointments that they won't keep and a list of medicines that they can't afford to buy (para 4)

- *The system is so bureaucratic that people end up by ignoring illnesses because they are unable to negotiate the red tape involved in getting the necessary forms/papers/documents (para 5)

- *The medical system let some people 'fall through the net'. Until MSF set up their centres there were some people who did not get treatment because they were too ill to be accepted by the night refuges and not ill enough to be admitted to hospital (para 6)

- *Society and people in positions of responsibility still don't recognise that medical care for the poor is not the responsibility of charities, but of the state, since it is enshrined in law.

2

Corrigés et Explications

Exercice 4

verbes	noms	adjectifs	adverbes
soigner se soigner	le soin/les soins	soignant soigné soigneux	soigneusement
différencier se différencier	la différence la différenciation	**différent** différencié	différemment
perdre se perdre	la perte la perdition	perdu perdant	
déranger se déranger	le dérangement	dérangeant dérangé	
désespérer se désespérer	la désespérance le désespoir	**désespérant** désespéré	désespérément
vivre	la vie les vivres	**vivant** vif	vivement
lasser se lasser	**la lassitude**	lassant	
impatienter s'impatienter	**l'impatience**	impatient	impatiemment
accueillir	l'accueil	accueillant	

Exercice 5

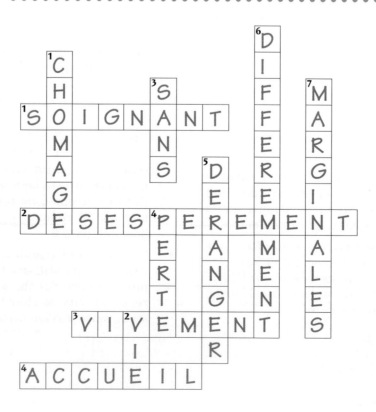

JENNY OLLERENSHAW © 1998, 2002

3 L'Alcoolisme

PROBLEMES D'ALCOOL

Document à l'usage des travailleurs sociaux

Il existe une solution

LES PROBLEMES LIES A L'ALCOOL

En dépit des progrès considérables réalisés en épidémiologie, biologie, physiologie du système nerveux central et autres disciplines scientifiques, on ne sait pas encore exactement comment, ni pourquoi, se déclenchent, chez certaines personnes, les mécanismes qui peuvent aboutir à des états pathologiques graves non seulement dans le domaine organique mais aussi dans celui du comportement.

Ceux qui présentent des manifestations perturbantes, pour eux-mêmes ou pour les autres, par suite d'une consommation excessive d'alcool, n'ont pas à être jugés mais doivent être aidés dans leur effort pour se libérer. Il n'y a entre eux et le reste de la population aucune sorte de frontière, mais il existe des différences circonstancielles et mouvantes.

Cependant, l'étiquette "alcoolique" est encore lourde à porter, en particulier pour les femmes; elle garde quelque chose d'infamant pour la personne, sa famille ou ses proches, qui hésitent à demander des renseignements à ce sujet.

PAS DE REMEDE MIRACLE

Contrairement à la plupart des malades organiques, la personne en difficultés avec l'alcool est rarement coopérante, du moins dans les premiers temps, avec ceux qui cherchent à l'aider ou qui la soignent, sans qu'elle en soit forcément consciente d'ailleurs. Elle refuse bien souvent d'accepter le diagnostic et ses conséquences.

Sa demande thérapeutique pourrait souvent se résumer ainsi: "débarrassez-moi des troubles que m'apporte l'alcool, mais laissez-moi boire!"

Or, en l'état actuel de nos connaissances, il n'est pas possible de laisser croire à une personne devenue dépendante de l'alcool qu'elle pourra un jour en consommer de nouveau, sous quelque forme que ce soit, de façon "normale", modérée, c'est-à-dire en maîtrisant sa consommation.

D'autre part, cette personne ne sera pas guérie contre son gré, elle détient en elle-même les moyens de rompre avec l'alcool: personne ne peut l'y obliger, aucun produit ne peut agir à son insu; sa libre décision est indispensable, mais elle peut se forger au cours de plusieurs étapes.

L'Alcoolisme

COMMENT AGIR ? A QUI S'ADRESSER?

NE PAS AGIR SEUL

Dans certaines situations individuelles et familiales, on est tenté de cacher, de se taire, de souffrir en silence jusqu'à ce que les problèmes apparaissent inextricables.

Les malades de l'alcool ont besoin qu'on leur dise la vérité, même s'ils nient leurs abus, qu'on leur fasse comprendre qu'il existe des moyens pour s'en sortir. Il faut du courage pour parler et ce n'est pas si simple.

Il se peut que le conjoint, ou un très proche parent, soit dans l'impossibilité totale d'aborder la question.

Il faut essayer alors de faire intervenir un tiers: médecin de famille (ou du travail), ami, collègue, employeur, pharmacien, dentiste, masseur, infirmière, prêtre ou pasteur...

Les juges des tribunaux pour enfants, et ceux qui sont chargés des instances en divorce, ont également des possibilités. L'important est de s'entourer de quelques appuis extérieurs.

ESSAYER D'INTERVENIR AVANT

L'alcoolisme est une maladie progressive qui s'aggrave si rien n'est fait pour l'enrayer.

Le plus important, c'est d'**intervenir avant** les troubles graves du comportement et un délabrement physique avancé, si possible quand les buveurs (ou buveuses) n'ont pas encore perdu le contrôle de leur consommation. Ils sont alors capables de la réduire pour peu qu'on leur en ait fait comprendre la nécessité pour leur santé, leur sécurité et leur équilibre physique et mental.

TEMOIGNAGE DECISIF

La personne en difficultés avec l'alcool s'isole et se renferme sur elle-même, se sentant incomprise et souvent coupable (surtout quand c'est une femme). Personne, à ses yeux, ne peut avoir idée de ce qu'elle éprouve. Elle sait seulement qu'on veut l'empêcher de boire et, pour elle, ne plus boire, c'est comme s'arrêter de respirer...

Là peut se situer une approche qui sera souvent déterminante: celle de l'ancien buveur. Il apporte la preuve que l'on peut s'en sortir, il a vécu l'alcool et sa domination, il a ressenti ce que vit cette personne. Cela a modifié la relation et peut entraîner un début de dialogue et une acceptation.

Dans tous les cas difficiles, il est souhaitable de créer une occasion de rencontre avec une personne militant dans une association dite d'anciens buveurs.

Association Nationale de Prévention de l'Alcoolisme, Paris

Before beginning this unit check in your grammar book that you know how to use the pronouns 'en' and 'y'.

Exercice 1 • • • • • • • • • • • • • • •

Compréhension des mots–clés

Lisez le texte en entier sans utiliser de dictionnaire et trouvez l'équivalent français des mots et expressions suivants.

Paragraphes 1 à 3

a) disturbing

b) label

c) to lead to/to result in

d) to be activated

e) dishonourable

f) behaviour

Paragraphes 4 à 7

g) necessarily

h) to let someone believe

i) against his/her will

j) to rid (someone) of

k) at first

Paragraphes 8 à 12

l)   to broach the subject

m) divorce proceedings

n)   to pull through/to cope

o)   to deny

p)   support

Paragraphes 13 à 17

q)   guilty

r)   to lead to

s)   provided that

t)   to campaign

u)   deterioration

v)   to check, stop (of disease)

In French some verbs or phrases are always followed by either the preposition 'de' or 'à'. It is very important to learn the preposition at the same time as you learn the verb or phrase. This text has many examples of such verbs and phrases, and we hope that you will begin to notice them and learn them as you do the exercises that follow. To help you do this you are going to underline them in the text before you do any comprehension work.

Exercice 2 ●

Repérage des prépositions

1   Voici la liste de tous les verbes et expressions suivis des prépositions 'de' ou 'à'. Soulignez-les dans le texte. N'oubliez pas que les pronoms 'en' et 'y' peuvent 'cacher' une expression utilisant 'de' ou 'à'.

2   Au fur et à mesure que vous lisez le texte pour compléter les deux exercices qui suivent essayez d'être conscient(e) de ces verbes/ expressions et des prépositions qui les accompagnent.

+ DE	+ A
en dépit de + noun	aboutir à + noun
par suite de + noun	hésiter à + inf
être conscient de + noun/+ inf	contrairement à + noun
refuser de + inf	chercher à + inf
se débarrasser de + noun	obliger (quelqu'un) à + inf
être/devenir dépendant de + noun	faire comprendre à (quelqu'un) que
être tenté de + inf	
être dans l'impossibilité de + inf	
être chargé de + noun/+ inf	
s'entourer de + noun	
perdre le contrôle de + noun	
être capable de + noun/+ inf	
la nécessité de + inf	
s'arrêter de + inf	
il est souhaitable de + inf	

Exercice 3 •••

Compréhension du texte

Relisez le texte puis cochez la case 'vrai' ou 'faux' selon le cas. Si une déclaration est inexacte corrigez-la en français.

		Vrai	Faux
(a)	Actuellement on comprend très bien pourquoi des maladies graves se déclarent chez certaines personnes en difficultés avec l'alcool	☐	☐
(b)	Les alcooliques sont des gens comme tout le monde, mais dont les motivations sont différentes	☐	☐
(c)	Souvent les malades de l'alcool et leur famille ne cherchent pas à s'informer sur l'alcoolisme parce qu'ils ont honte	☐	☐
(d)	Au début, la plupart des alcooliques refusent de reconnaître qu'ils ont un problème	☐	☐
(e)	Après avoir maîtrisé son problème, un alcoolique peut souvent apprendre à boire de façon modérée	☐	☐
(f)	On ne peut aider à la guérison d'une personne devenue dépendante de l'alcool que si elle coopère	☐	☐
(g)	Ce sont les personnes les plus proches des alcooliques qui ont la responsablité d'en parler avec le malade. Il ne faut jamais demander à quelqu'un d'autre de le faire	☐	☐
(h)	Il faut essayer d'intervenir aussitôt que possible chez les buveurs parce que le problème empire si on ne fait rien pour le résoudre	☐	☐
(i)	On devrait intervenir dès que l'on constate des problèmes graves du comportement et une détérioration sérieuse de l'état physique.	☐	☐
(j)	Le meilleur interlocuteur pour aider une personne en difficultés avec l'alcool est un ancien buveur parce qu'il comprend le problème et qu'il est la preuve vivante que l'on peut le dominer	☐	☐

Exercice 4 •••••••••••••••••

La chasse aux pronoms

Trouvez les phrases suivantes dans le texte et dites à quoi se réfère(nt) le(s) mot(s) en caractères gras.

Exemple:

> Para 1: '...non seulement dans le domaine organique mais aussi dans **celui** du comportement'

celui = le domaine

1) Para 2: '... Il n'y a entre **eux** et le reste de la population aucune sorte de frontière...'

2) Para 3: 'Cependant, l'étiquette "alcoolique" est encore lourde à porter en particulier pour les femmes: **elle** garde quelque chose d'infamant pour la personne, sa famille ou ses proches qui hésitent à demander des renseignements **à ce sujet**."

3) Para 4: 'Contrairement à la plupart des malades organiques, la personne en difficultés avec l'alcool est rarement coopérante, du moins dans les premiers temps, avec ceux qui cherchent à **l'**aider ou qui **la** soignent, sans qu'**elle** en soit forcément consciente d'ailleurs. **Elle** refuse souvent d'accepter le diagnostic et **ses** conséquences.'

4) Para 7: '...elle détient en elle-même les moyens de rompre avec l'alcool: personne ne peut **l'y** obliger ...'

5) Para 14: ' ... Ils sont alors capables de **la** réduire pour peu qu'on leur **en** ait fait comprendre la nécessité ..."

6) Para 16: 'Là peut se situer une approche qui sera souvent déterminante: **celle** de l'ancien buveur.'

Exercice 5 • • • • • • • • • • • • • • •

Emploi des prépositions: 'à' ou 'de'?

Vous allez maintenant vérifier si vous vous souvenez de l'emploi correct de 'à' et 'de' après certains verbes et expressions. Complétez les phrases suivantes en insérant la préposition qui convient. Il y a sept verbes ou expressions qui n'étaient pas dans le texte mais que vous connaîtrez probablement. N'oubliez pas de faire les changements nécessaires (par exemple de → des, à → aux etc.) et essayez de faire l'exercice sans regarder vos notes.

1   Après la mort de mon compagnon je suis devenue dépendante ____ l'alcool. Maintenant j'ai peur de n'être plus capable ____ contrôler ma consommation.

2   En dépit ____ le soutien de mon médecin je n'arrive pas ____ m'arrêter ____ fumer.

3   Je ne cherche pas ____ cacher le fait que j'ai perdu le contrôle ____ ma voiture cette nuit-là.

4   Contrairement ____ ce que l'on attendait, les négociations n'ont abouti ____ aucune solution.

5   J'aime être entouré ____ gens qui sont optimistes.

6   Ma mère n'arrive pas ____ se débarrasser ____ son rhume.

7   Il a dû faire comprendre ____ la jeune femme qu'il était souhaitable ____ ne pas sortir seule la nuit.

8   Je suis dans l'impossiblité totale ____ parler ____ mon père ____ son problème d'alcoolisme, mais j'hésite ____ demander ____ médecin ____ lui en parler.

9   Ma copine est consciente ____ problème mais elle refuse ____ en parler. Je sais qu'elle est tentée ____ se confier ____ son frère, mais je suis sûr qu'il l'obligerait ____ aller chez le médecin.

Observations stylistiques

The inversion of the subject after the relative pronoun '(ce) que':

Look at these sentences taken from the text:

> *"débarrassez-moi des troubles que **m'apporte l'alcool**, mais laissez-moi boire!"*

> *Il a vécu l'alcool et sa domination, il a ressenti ce que **vit cette personne***

They could have been expressed in the following way:

> *"débarrassez-moi des troubles que **l'alcool m'apporte**, mais laissez-moi boire!"*

> *Il a vécu l'alcool et sa domination, il a ressenti ce que **cette personne vit***

Note that in French, for reasons of style, the subject is often inverted (i.e. put after the verb instead of before it) after the relative pronoun '(ce) que':

...des troubles que	m'apporte	l'alcool
	(verbe)	**(sujet)**
il a ressenti ce que	vit	cette personne
	(verbe)	**(sujet)**

Although you may not be aiming to use this stylistic device yourselves as yet, you should be aware of it since you will very often come across it, especially in written French.

3

Exercice 6 ·················

L'utilisation du subjonctif

Soulignez dans le texte les emplois du subjonctif. Notez l'expression qui introduit chaque subjonctif.

Exercice 7 ·················

Carnet de notes

Ce texte contient un grand nombre de mots de liaison (tels que 'en dépit de', 'par suite de') que vous pouvez vous-même utiliser dans vos rédactions. Faites-en la liste. Utilisez votre dictionnaire si vous n'êtes pas sûr de leur sens.

Exercice 8 ·················

Passage à l'écrit

'L'alcoolisme est une vraie maladie, souvent jugée "infamante", mais que l'on peut arriver à soigner.'

Relevez dans le texte des exemples qui justifient ce point de vue et donnez en français vos réactions personnelles.

Ecrivez un maximum de 250 mots

SLOGANS FRANÇAIS ACTUELS:

* 'L'abus d'alcool est dangereux pour la santé'

* 'Un verre, ça va, deux verres : bonjour les dégâts'

* 'Boire ou conduire, il faut choisir'

Corrigés et Explications

Exercice 1 ••••••••••••••••••

Paragraphes 1 à 3

a)	disturbing	perturbant(es)
b)	label	une étiquette
c)	to lead to/to result in	aboutir à
d)	to be activated	se déclencher
e)	dishonourable	infamant
f)	behaviour	le comportement

Paragraphes 4 à 7

g)	necessarily	forcément
h)	to let someone believe	laisser croire à une personne
i)	against his/her will	contre son gré
j)	to rid (someone) of *(in text 'débarrassez-moi des troubles ...')*	débarrasser de
k)	at first	dans les premiers temps

Paragraphes 8 à 12

l)	to broach the subject	aborder la question
m)	divorce proceedings	les instances en divorce
n)	to pull through/to cope	s'en sortir
o)	to deny	nier
p)	support *(here used in the plural in French because it is referring to different types of support, but often also used in the singular where appropriate)*	les appuis

Paragraphes 13 à 17

q)	guilty	coupable
r)	to lead to	entraîner
s)	provided that	pour peu que
t)	to campaign	militer
u)	deterioration	un délabrement
v)	to check, stop (of disease)	enrayer

Exercice 2 ••••••••••••••••

The following are those that you may have had some problems in finding because the 'de' or 'à' was not visible in the sentence in the text.

- être conscient de: Para 4: sans qu'elle **en** soit forcément consciente ...

- obliger (quelqu'un) à: Para 7: personne ne peut l'**y** obliger

- faire comprendre à (qqn): Para 9: qu'on **leur** fasse comprendre

- la nécessité de: Para 14: pour peu qu'on leur **en** ait fait comprendre la nécessité ...'

Exercice 3 ••••••••••••••••

1a) Faux. On le comprend très mal.

Para 1: *'on ne sait pas encore exactement comment, ni pourquoi ...'*

b) Vrai

Para 2: *'Il n'y a entre eux et le reste de la population aucune sorte de frontière...'*

c) Vrai

Para 3: *'l'étiquette 'alcoolique' ... garde quelque chose d'infamant ... (ils) hésitent à demander des renseignements ...'*

d) Vrai

Para 4: *'la personne en difficulté avec l'alcool ... refuse souvent d'accepter le diagnostic et ses conséquences'*

e) Faux. A l'heure actuelle, on considère qu'après avoir maîtrisé son problème, un alcoolique ne peut plus jamais boire.

Para 6: *'il n'est pas possible de laisser croire à une personne devenue dépendante de l'alcool qu'elle pourra un jour en consommer de nouveau ...'*

f) Vrai

Para 7: *'cette personne ne sera pas guérie contre son gré ... sa libre décision est indispensable ...'*

g) Faux. Si les proches trouvent trop difficile d'en parler eux-mêmes avec le malade il faut demander à quelqu'un d'autre de le faire.

Paras 10 & 11: *'Il se peut que le conjoint, ou un très proche parent, soit dans l'impossibilité d'aborder la question. Il faut essayer alors de faire intervenir un tiers ...'*

h) Vrai

Paras 13 & 14: *'L'alcoolisme est une maladie progressive qui s'aggrave si rien n'est fait pour l'enrayer ...'*

i) Faux. On devrait intervenir **avant** qu'on voie ces signes. (dès que = as soon as) Para 14: *'Le plus important, c'est d'**intervenir avant** les troubles graves du comportement et un délabrement physique avancé ...'*

j) Vrai

Paras 16: *(l'ancien buveur) 'apporte la preuve que l'on peut s'en sortir, il a vécu l'alcool et sa domination.'*

Exercice 4 ● ● ● ● ● ● ● ● ● ● ● ●

1) eux = ceux qui présentent des manifestations perturbantes ... par suite d'une consommation excessive d'alcool.

2) elle = l'étiquette "alcoolique"

   à ce sujet = au sujet de l'alcoolisme

3) l', la, elle, Elle = la personne en difficulté avec l'alcool

   ses (conséquences) = (les conséquences) du diagnostic

4) l'y (obliger) = (obliger) la personne **à** rompre avec l'alcool (The l' refers to 'la personne' and the 'y' to 'à rompre avec l'alcool'. If you have forgotten how 'y' replaces the 'à' and what follows it then check in your grammar book or ask your teacher. See also the corrigé to exercice 2)

5) la = leur consommation

   en (comprendre la nécessité) = (comprendre la nécessité) **de** réduire leur consommation. (If you have forgotten how 'en' replaces the 'de' and what follows it then check in your grammar book or ask your teacher.)

6) celle = l'approche

Exercice 5 ● ● ● ● ● ● ● ● ● ● ● ●

1) Après la mort de mon compagnon je suis devenue dépendante **de** l'alcool. Maintenant j'ai peur de n'être plus capable **de** contrôler ma consommation.

2) En dépit **du** soutien de mon médecin je n'arive pas **à** m'arrêter **de** fumer.

3) Je ne cherche pas **à** cacher le fait que j'ai perdu le contrôle **de** ma voiture cette nuit-là.

4) Contrairement **à** ce que l'on attendait, les négociations n'ont abouti **à** aucune solution.

5) J'aime être entouré **de** gens qui sont optimistes.

6) Ma mère n'arrive pas **à** se débarrasser **de** son rhume.

7) Il a dû faire comprendre **à** la jeune femme qu'il était souhaitable **de** ne pas sortir seule la nuit.

8) Je suis dans l'impossiblité totale **de** parler **à** mon père **de** son problème d'alcoolisme, mais j'hésite **à** demander **au** médecin **de** lui en parler.

9) Ma copine est consciente **du** problème mais elle refuse **d'**en parler. Je sais qu'elle est tentée **de** se confier **à** son frère, mais je suis sûr qu'il l'obligerait **à** aller chez le médecin.

Exercice 6 ● ● ● ● ● ● ● ● ● ● ● ●

Para 4: *sans qu'elle en **soit** forcément consciente* ... Subjunctive introduced by 'sans que'

Para 6: *sous quelque forme que ce **soit*** ... Subjunctive introduced by 'quelque... que...'

Para 8: *de souffrir en silence jusqu'à ce que les problèmes **apparaissent** inextricables* Subjunctive introduced by 'jusqu'à ce que'

Para 9: *Les malades de l'alcool ont besoin qu'on leur **dise** la vérité même s'ils nient leurs abus, qu'on leur **fasse** comprendre qu'il existe* ... Subjunctive introduced in both cases by 'avoir besoin que'

Para 10: *Il se peut que le conjoint, ou un très proche parent **soit** dans l'impossibilité totale d'aborder la question* Subjunctive introduced by 'il se peut que'

Para 14: *Ils sont capables de la réduire pour peu qu'on leur en **ait fait** comprendre la nécessité* ... Subjunctive introduced by 'pour peu que'

Exercice 7 • • • • • • • • • • • • • • • •

Here are the ones that we found and thought
might be useful in other contexts. If you're
not sure of the meaning of any of them look
them up in the dictionary and note down at
least one example from the dictionary of the
expression used in context.

en dépit de

par suite de

cependant

contrairement à

or

d'autre part

il se peut que

l'important est de

Le plus important, c'est de

pour peu que

4

4 Le Nucléaire et la Santé

LES RISQUES DE LEUCEMIE DUS AU NUCLEAIRE

Une étude épidémiologique française, publiée dans une revue médicale britannique, relance le débat sur le risque plus grand de leucémies à proximité des grandes installations nucléaires.

Le ministre de l'Environnement et le secrétaire d'état à la Santé ont annoncé qu'une nouvelle "étude épidémiologique complète" allait être engagée à la Hague, "afin de vérifier l'incidence des cas de leucémie dans plusieurs cantons du département de la Manche."

Selon l'étude parue dans le *British Medical Journal*, il existe des "éléments convaincants" montrant un risque de leucémie infantile trois fois plus grand qu'ailleurs, près du vaste complexe de retraitement de combustibles nucléaires usés de la COGEMA à la Hague (Manche), à l'extrémité de la presqu'île du Cotentin. Menée par le professeur Jean-François Viel et le docteur Dominique Pobel, du département de santé publique et d'épidémiologie de Besançon (Doubs), l'étude établit aussi une association entre la consommation au moins une fois par semaine de poissons et crustacés pêchés localement et les cas de leucémies.

Sur 27 enfants leucémiques de la Hague, comparés à 192 enfants en bonne santé, les chercheurs affirment avoir établi que ceux qui fréquentaient La Hague au moins une fois par mois avaient 2,8 fois plus de chances de tomber malades. La consommation de crustacés et de poissons accroît encore le risque, selon eux.

Le professeur Viel, qui avait publié la première partie de son étude fin 1995, rappelle que plusieurs recherches menées en Grande-Bretagne à proximité de sites comparables (Sellafield et Dounreay) avaient fait ressortir des risques de leucémie infantile accrus. Là aussi, la fréquentation des plages était citée comme facteur de risque.

Délicieux, mais dangereux?

L'étude française est accueillie avec prudence par les autorités françaises. Tout en annonçant un renforcement des études épidémiologiques près de la Hague par l'INSERM (Institut National de la Santé et de la Recherche Médicale), le ministre de l'Environnement, Corinne Lepage, estime que les travaux du professeur Viel, "posent une question scientifique qu'il faut traiter sérieusement, mais sans panique."

Madame Lepage, qui a demandé une évaluation de cette étude, va aussi faire pratiquer des prélèvements d'eau et de coquillages de mer, pour vérifier qu'il n'y a pas de concentration de radioactivité "anormale".

Bien que très étayée, l'étude du professeur Viel est loin de faire l'unanimité. L'INSERM estime ainsi que ses résultats sont difficilement interprétables et se demande si les observations statistiques effectuées traduisent une véritable relation de cause à effet.

La CRII-RAD ne s'estime pas en mesure de se prononcer sur l'étude, mais se réjouit "qu'une étude épidémiologique indépendante ait pu être publiée". Elle rappelle que l'usine de la Hague est "autorisée à rejeter 800 fois plus de radionucléides en mer que la plus grande centrale nucléaire française, celle de Gravelines".

LES AMIS DE LA TERRE, Le courrier de la baleine. janvier-février 1997

Exercice 1 ● ● ● ● ● ● ● ● ● ● ● ● ● ●

Compréhension des mots–clés

Le but de votre première lecture du texte sera de comprendre ses mots clés. Dans le tableau ci-dessous ils se trouvent dans la colonne de gauche, dans l'ordre où ils apparaissent dans le texte. Les définitions de ces mots sont en désordre dans la colonne de droite. Essayez (sans l'aide du dictionnaire) de trouver la définition qui, dans ce contexte, correspond à chaque mot. Faites cet exercice au fur et à mesure que vous lisez le texte.

La consommation de crustacés pêchés près des grandes installations nucléaires accroît les risques de leucémie

mots-clés	définitions
la leucémie	qui touche les petits enfants
épidémiologique	relation
à proximité de	aller souvent dans un lieu
engager	soutenu par des exemples
convaincant	cancer des cellules du sang
infantile	conformité d'opinion entre tous les membres d'un groupe
le retraitement de combustibles nucléaires usés	fruits de mer tels que les crabes, les crevettes, les langoustes
à l'extrémité de	action de prendre une certaine portion sur une masse
une association	près de
les crustacés	au bout de
fréquenter	commencer
accroître	opération qui permet de récupérer les éléments fissiles et fertiles en les séparant des produits de fission fortement radioactifs
la prudence	relatif à l'étude des différents facteurs qui interviennent dans l'apparition des maladies
le prélèvement	décisif
étayé	augmenter
l'unanimité	précaution

Exercice 2 ● ● ● ● ● ● ● ● ● ● ● ● ● ●

Compréhension du texte

Relisez le texte et prenez des notes en français sous les titres suivants. Ces notes vont vous servir plus tard de base pour faire un résumé du texte. Attention: l'information dans le texte ne se trouve pas forcément dans le même ordre que dans la liste suivante.

- le sujet de débat
- les groupes à risque
- les résultats des recherches menées en France et en Grande Bretagne
- la réaction des autorités françaises
- les mesures qui vont être prises suite au débat

Observations linguistiques

The use of 'faire' + verb in the infinitive to express 'to have something done'

Look at this example from the text:

> Madame Lepage ... va aussi **faire pratiquer** des prélèvements d'eau et de coquillages de mer ...
>
> *Madame Lepage ... is also going **to have** samples of sea water and shell-fish **taken***

faire + verb in the infinitive

can also be translated by:

- to make someone do something/to get someone to do something
- to get something done (by someone)

For example:

> Je les ai **fait rire**
>
> *I made them laugh*

> On va **faire peindre** le salon cet été
>
> *We're going to get the lounge painted this summer*

'se faire' + verb in the infinitive

can be used in the same way, however it means that one is having something done specifically **for oneself.**

For example:

> Elle **s'est fait faire** une belle robe de mariée
>
> *She had a beautiful wedding dress made for herself*

> Elle va **se faire couper** les cheveux cet après-midi
>
> *She's going to get her hair cut this afternoon*

'faire' + verb in the infinitive + à quelqu'un

is used to express the idea of 'helping someone to do something.'

For example:

> La dame a **fait traverser** la rue **à** l'enfant
>
> *The woman helped the child across the road*

Le Nucléaire et la Santé

4

Exercice 3 •••••••••••••••

Utilisation de la construction '(se) faire + verbe à l'infinitif'(+à)'

Traduisez les phrases suivantes en français en vous servant de la construction '(se) faire + verbe à l'infinitif':

1   We're going to have a house built in Brittany.

2   He's going to get the car fixed tomorrow.

3   The film made me cry.

4   If we go out this evening the au pair will feed the children.

5   She had a delicious meal made.

Exercice 4 ••••••••••••••••••••••••••••••••••••

Elargissement du vocabulaire

Relisez le texte et ensuite à l'aide de votre dictionnaire remplissez les cases ci-dessous avec d'autres mots de la même famille que celui qui vous est donné en caractères gras. (Suivez l'exemple du mot 'publier'). Attention, vous ne pourrez pas remplir toutes les cases dans la colonne 'adverbes'.

verbes	noms	adjectifs / participes	adverbes
publier	**la publication** **la publicité**	**publicitaire**	
		médical	
	le débat		
		paru	
		convaincant	
	la consommation		
		pêché	
			localement
fréquenter			
accroître			
		comparable	
		accueilli	
	le prélèvement		
vérifier			
		étayé	

4

Le Nucléaire et la Santé

Exercice 5

Mots croisés

Remplissez ce mots croisés à l'aide des phrases ci-dessous. Les mots manquant dans les phrases marquées d'un * sont tirés de l'exercice 4 et les autres sont tirés du texte lui-même.

horizontalement

1   le contraire de 's'attrister' (2,7)

2   * Il faut _____ (8) de nouveau le problème des risques de leucémie dus au nucléaire.

3   L'étude a été _____(5) par le professeur Viel

4   un synonyme de 'au bout de' (1, 1, 9, 2)

5   Ceux qui _____ (10) régulièrement des crustacés et des poissons pêchés localement courent un risque.

6   le contraire de 'défendu' (8)

7   un synonyme du 'cancer des cellules du sang' (8)

8   * Je me fais du souci pour mon fils. Il sort avec des gens qui ne sont pas très _____ (13)

verticalement

1   un synonyme de 'près de' (1, 9, 2)

2   le contraire de 'décroître' (9)

3   Ceux qui _____ (11) les plages de La Hague courent un risque accru de leucémie.

4   * Ses chaussures la font _____ (8) plus grande.

5   Il faut prêter attention à cette étude sérieuse et très _____ (6) du professeur Viel.

6   un synonyme de 'magazine' (5)

Observations linguistiques

The prefix 're–'

In the text there are four examples of words beginning with the prefix 're-':

relancer (para 1)

retraitement (para 3)

rejeter (para 10)

ressortir (para 6)

As in English the prefix 're-' in French usually implies doing something again, or starting something again. Look at how the phrases containing these prefixes may be translated in English. You will see that the first two sentences are more straightforward than the last ones, which do not really carry the meaning of doing or starting something again in either the French or the English.

1) 'une étude ... **re**lance le débat'
   *a study ... has **re**vived the debate*

2) 'près du vaste complexe de **re**traitement de combustibles nucléaires usés'
   *near the huge nuclear fuel **re**processing plant*

3) 'l'usine de La Hague est autorisée à **re**jeter 800 fois plus de radionucléides en mer que la plus grande centrale nucléaire française, celle de Gravelines.'
   *the plant at La Hague is allowed to **dis**charge 800 times more radionuclides into the sea than Gravelines, the largest French nuclear power station.*

4) 'plusieurs recherches menées en Grande Bretagnc ... avaient fait **res**sortir des risques de leucémie infantile accrus.'
   several studies carried out in Great Britain ... had brought out the increased risk of infantile leukaemia
   Note that in this case an extra 's' is added to the prefix to ensure that the 's' in 'sortir' is not pronounced as a 'z'. (other examples of this are 'ressouder', 'ressembler', 'resservir').

Here are examples of some other words from the text from which we could form related words by using the prefix 're-':

word in text	related word beginnng with 're-'	English translation
publier	republier	to republish
annoncer	réannoncer	to announce again
vérifier	revérifier	to verify again
établir	rétablir	to re-establish
pêcher	repêcher	to fish out, to recover (body)
tomber malade	retomber malade	to fall ill again
poser (une question)	reposer (une question)	to ask (a question) again
une évaluation	une réévaluation	a re-evaluation

Note that, as in the case of 'réannoncer' and 'réévaluation', where the prefix 're-' is followed by a vowel, it becomes 'ré-'.

4

Le Nucléaire et la Santé

Exercice 6 ••••••••••••••••

Carnet de notes

1 Trouvez dans le texte les mots de liaison et les phrases qui suivent et notez-les. Vous pourrez ensuite les réutiliser dans vos rédactions ou dans vos discussions en français:

dû à	due to
afin de	in order to, so as to
selon	according to
tout en (+ verbe + ant)	while (doing something)
bien que	although
ainsi	thus

2 Parcourez une dernière fois le texte et notez au moins 8 autres mots ou expressions que vous allez apprendre. N'oubliez pas de les noter en contexte.

Exercice 7 ••••••••••••••••

Passage à l'écrit

Reprenez les notes que vous avez prises pour l'exercice 2, ainsi que le corrigé de cet exercice. A l'aide de ces notes écrivez un court article sur les recherches sur les risques de leucémie, les groupes à risque et les mesures qui vont être prises suite au débat. Essayez de réutiliser le vocabulaire que vous avez appris ainsi que les mots de liaison qui conviennent.

Ecrivez un maximum de 200 mots.